Impressum
Verlag: BABADADA GmbH, Nedderfeld 112 , 22529 Hamburg
Geschäftsführer / Verlagsleitung: Harald Hof
Druck: Books on Demand GmbH, In de Tarpen 42, 22848 Norderstedt

Imprint
Publisher: BABADADA GmbH, Nedderfeld 112 , 22529 Hamburg, Germany
Managing Director / Publishing direction: Harald Hof
Print: Books on Demand GmbH, In de Tarpen 42, 22848 Norderstedt, Germany

skole
学校

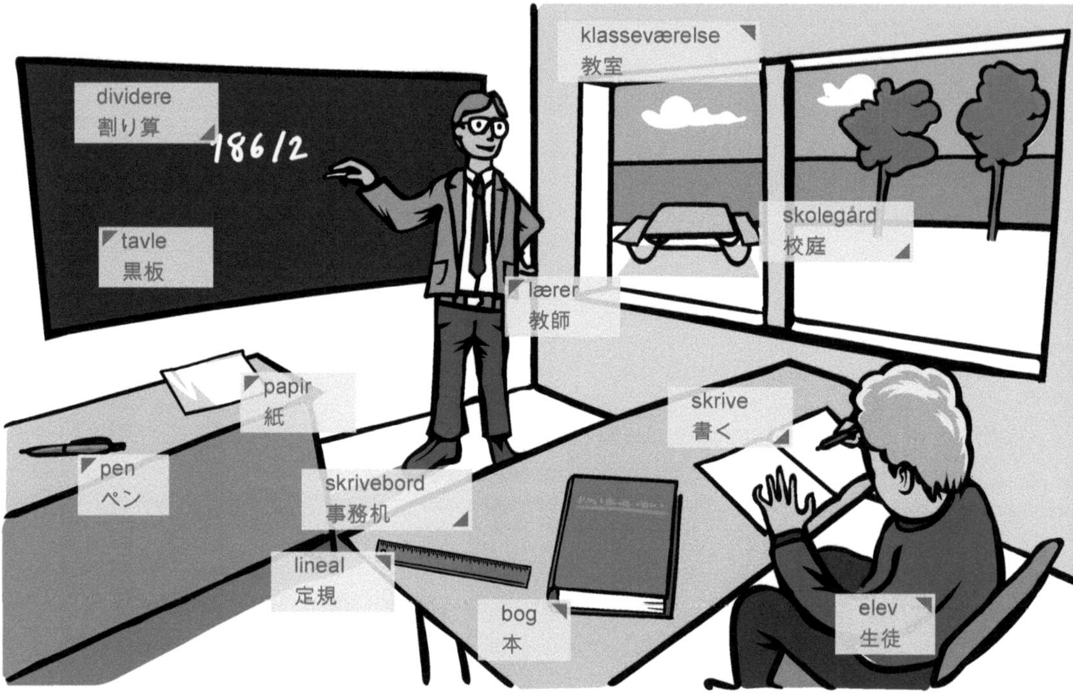

klasseværelse
教室
dividere
割り算
186/2
tavle
黒板
skolegård
校庭
lærer
教師
papir
紙
skrive
書く
pen
ペン
skrivebord
事務机
lineal
定規
bog
本
elev
生徒

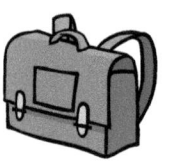

skoletaske

ランドセル

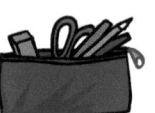

penalhus

筆入れ

blyant

鉛筆

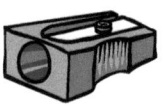

blyantspidser

鉛筆削り

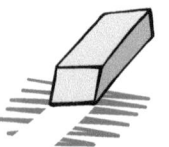

viskelæder

消しゴム

tegneblok

スケッチブック

tegning

スケッチ

pensel

絵筆

æske med vandfarver

絵の具箱

saks

はさみ

lim

接着剤

opgavehefte

練習帳

lektie

宿題

tal

数

addere

足し算

subtrahere

引き算

multiplicere

かけ算

regne

計算する

bogstav

文字

alfabet

アルファベット

ord

単語

tekst

テキスト

læse

読む

kridt

チョーク

time

授業

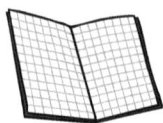

klasseprotokol

学級日誌

eksamen

試験

karakterbog

通知表

skoleuniform

制服

uddannelse

教育

leksikon

百科事典

universitet

大学

mikroskop

顕微鏡

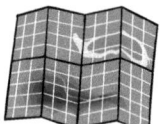

kort

地図

papirkurv

ごみ箱

rejse
旅行

Grand
hotel
ホテル
herberg
ホステル
ROOMS
vekselkontor
両替所
kuffert
スーツケ
ース
bil
自動車

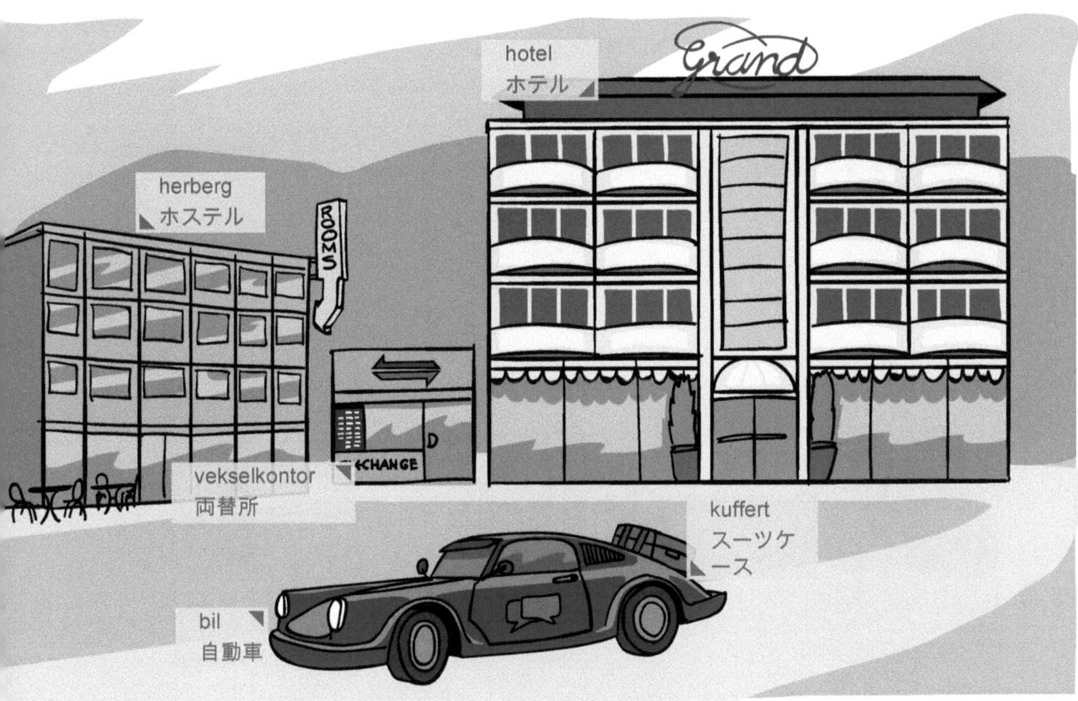

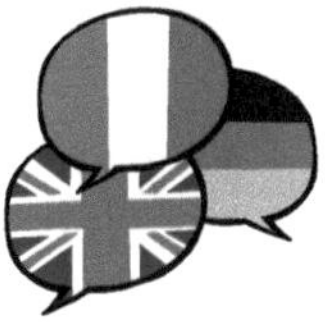

sprog
言語

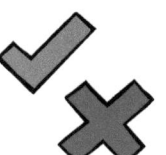

ja / nej
はい / いいえ

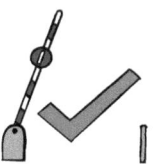

okay
問題ない

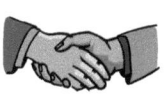

hej
ハロー

oversætter
翻訳者

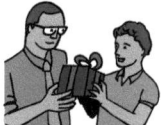

tak
ありがとう

hvad koster...?

...はいくらですか？

Jeg forstår ikke

わかりません

problem

問題

God aften!

こんばんは！

God morgen!

おはようございます！

God nat!

おやすみなさい！

farvel

さようなら

retning

方向

bagage

手荷物

taske

バッグ

rygsæk

リュックサック

gæst

お客様

værelse

部屋

sovepose

寝袋

telt

テント

turistinformation

旅行者情報

strand

ビーチ

kreditkort

クレジットカード

morgenmad

朝食

middagsmad

昼食

aftensmad

夕食

billet

チケット

elevator

エレベーター

frimærke

スタンプ

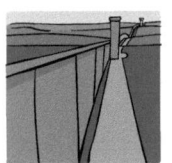

grænse

境界

told

税関

ambassade

大使館

visum

ビザ

pas

パスポート

transport

輸送

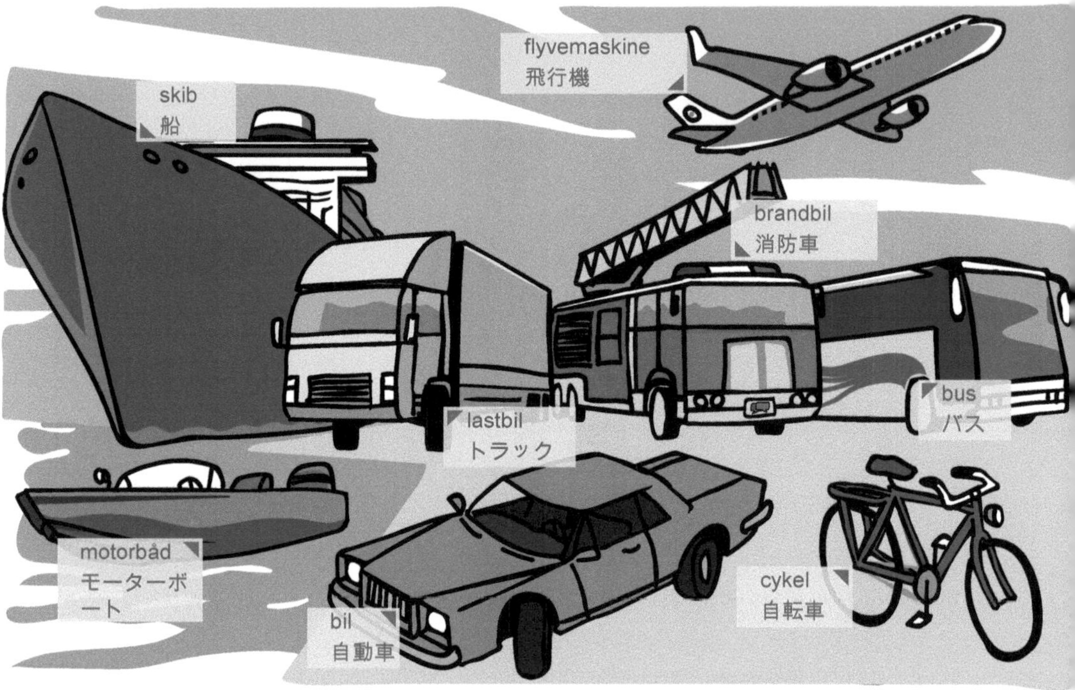
flyvemaskine
飛行機
skib
船
brandbil
消防車
bus
バス
lastbil
トラック
motorbåd
モーターボート
cykel
自転車
bil
自動車

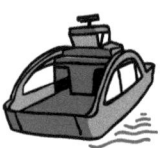

færge

フェリー

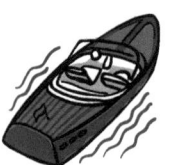

båd

ボート

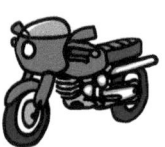

motorcykel

バイク

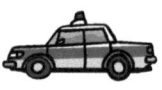

politibil

パトカー

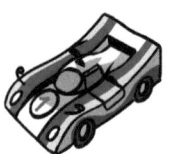

racerbil

レーシングカー

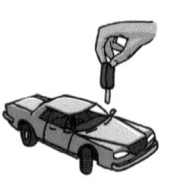

lejebil

レンタカー

samkørsel

カーシェアリング

kranbil

レッカー車

skraldebil

ごみ収集車

motor

モーター

benzin

燃料

tankstation

ガソリンスタンド

trafikskilt

交通標識

trafik

交通

trafikprop

渋滞

parkeringsplads

駐車場

banegård

駅

skinner

道

tog

列車

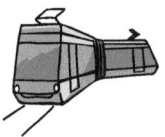

sporvogn

路面電車

wagon

車両

helikopter

ヘリコプター

lufthavn

空港

tårn

タワー

passager

乗客

container

コンテナ

karton

段ボール箱

kærre

カート

kurv

カゴ

starte / lande

離陸 / 着陸

by

都市

landsby

村

bymidte

都心

hus

家

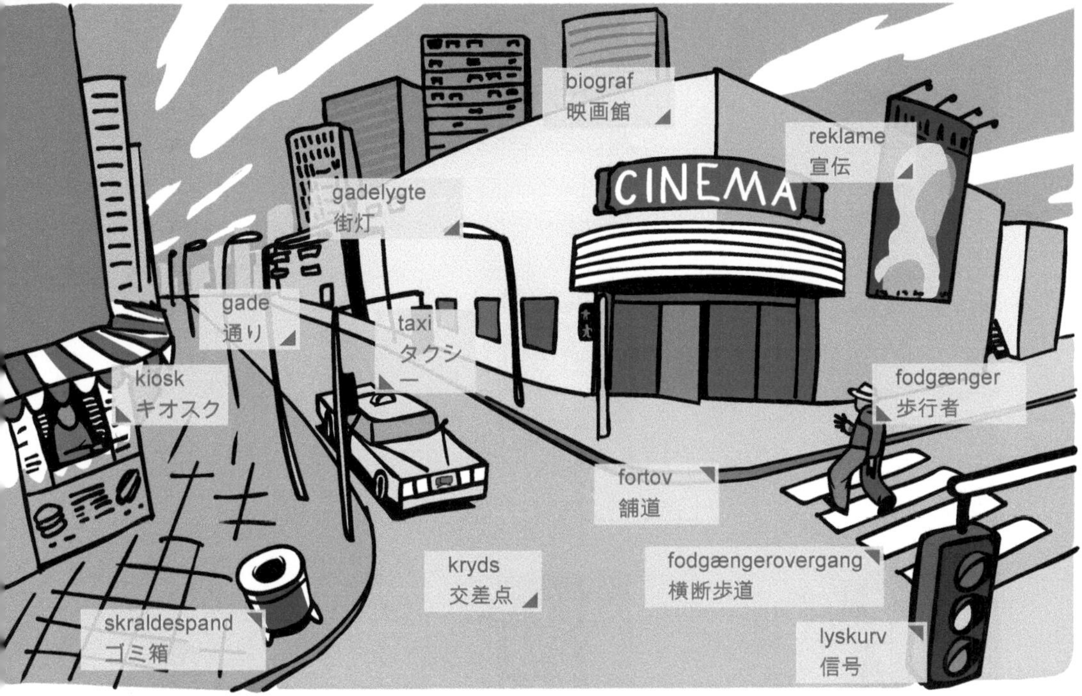
biograf
映画館
CINEMA
reklame
宣伝
gadelygte
街灯
gade
通り
taxi
タクシー
kiosk
キオスク
fodgænger
歩行者
fortov
舗道
kryds
交差点
fodgængerovergang
横断歩道
skraldespand
ゴミ箱
lyskurv
信号

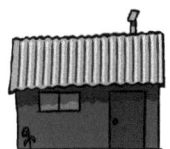

hytte

小屋

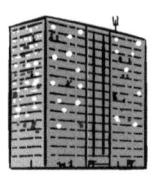

lejlighed

アパート

banegård

駅

rådhus

市役所

MUSEUM

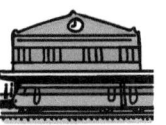

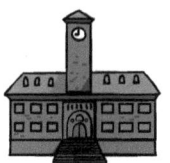

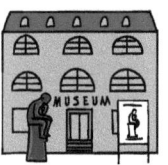

museum

美術館

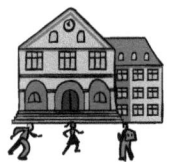

skole

学校

universitet

大学

bank

銀行

sygehus

病院

hotel

ホテル

apotek

薬局

kontor

オフィス

boghandel

書店

butik

ショップ

blomsterbutik

花屋

supermarked

スーパーマーケット

marked

市場

stormagasin

デパート

fiskehandler

魚屋

butikscenter

ショッピングセンター

havn

港

park

公園

bænk

ベンチ

bro

橋

trappe

階段

undergrundsbane

地下鉄

tunnel

トンネル

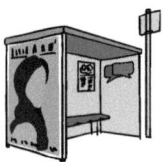

busstoppested

バス停

barnevogn

バー

restaurant

レストラン

postkasse

ポスト

vejskilt

道路標識

parkometer

パーキングメーター

zoo

動物園

badeanstalt

スイミングプール

moske

モスク

bondegård

農場

miljøforurening

汚染

kirkegård

墓地

kirke

教会

legeplads

遊び場

tempel

寺

landskab

風景

blad
葉

vejviser
道標

vej
道

eng
草地

sten
石

træ
木

vandrer
ハイカー

flod
川

græs
草

blomst
花

dal

谷

bjerg

山

sø

湖

skov

森

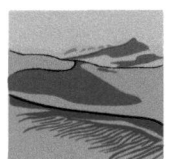

ørken

砂漠

vulkan

火山

slot

城

regnbue

虹

svamp

キノコ

palme

ヤシの木

moskito

蚊

flue

ハエ

myre

蟻

bi

ミツバチ

edderkop

クモ

bille
カブトムシ

frø
蛙

egern
リス

pindsvin
ハリネズミ

hare
ウサギ

ugle
フクロウ

fugl
鳥

svane
白鳥

vildsvin
雄豚

hjort
鹿

elg
ヘラジカ

dæmning
ダム

vindmølle
風力タービン

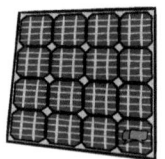

solcellemodul
ソーラーパネル

klima
気候

restaurant
レストラン

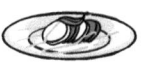

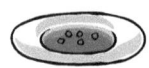

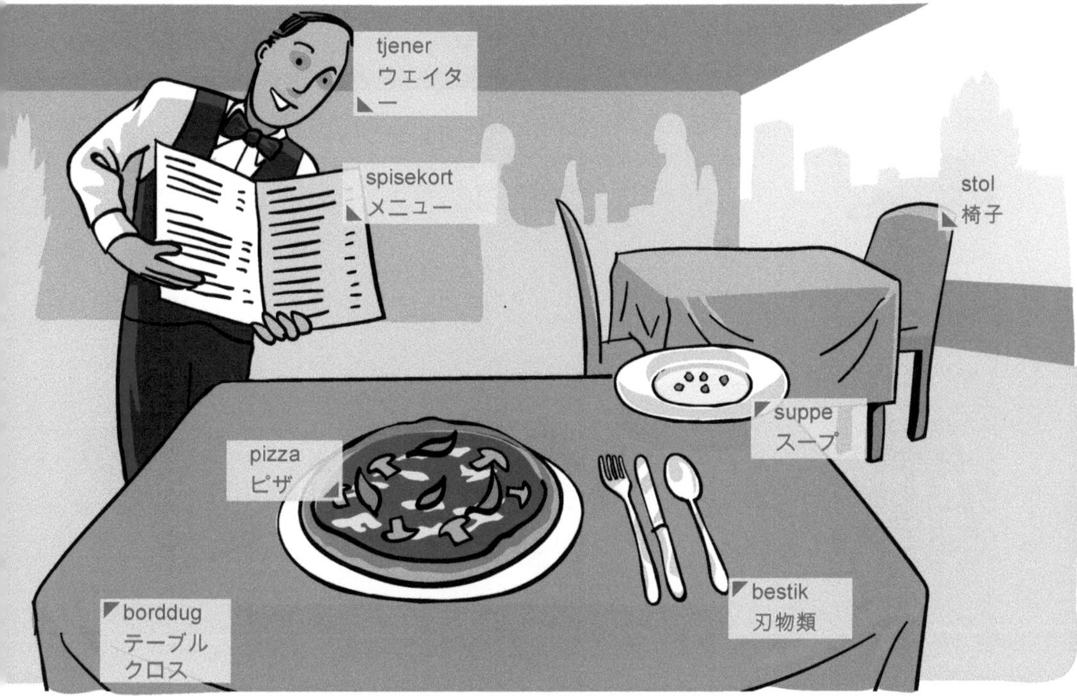

tjener
ウェイター
spisekort
メニュー
stol
椅子
suppe
スープ
pizza
ピザ
bestik
刃物類
borddug
テーブルクロス

forret

前菜

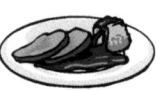

hovedret

メインコース

dessert

デザート

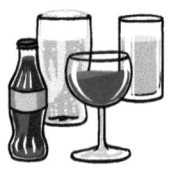

drikkevarer

飲み物

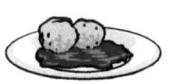

mad

食べ物

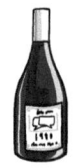

flaske

ボトル

fastfood

ファストフード

streetfood

屋台の食べ物

tekande

ティーポット

sukkerdåse

砂糖入れ

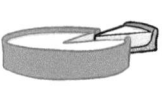

portion

一人前

espressomaskine

エスプレッソマシン

barnestol

幼児用食事椅子

faktura

請求書

tablet

トレー

kniv

ナイフ

gaffel

フォーク

ske

スプーン

teske

ティースプーン

serviet

ナプキン

glas

グラス

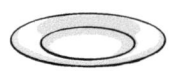

tallerken

皿

dyb tallerken

スープ皿

underkop

受け皿

sovs

ソース

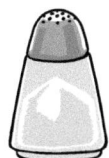

saltbøsse

塩入れ

peberkværn

ペッパーミル

eddike

酢

olie

油

krydderier

スパイス

ketchup

ケチャップ

sennep

マスタード

mayonnaise

マヨネーズ

restaurant - レストラン

supermarked

スーパーマーケット

tilbud
特価品
FOR
kunde
顧客
mælkeprodukter
乳製品
frugt
果物
indkøbsvogn
ショッピング・
カート

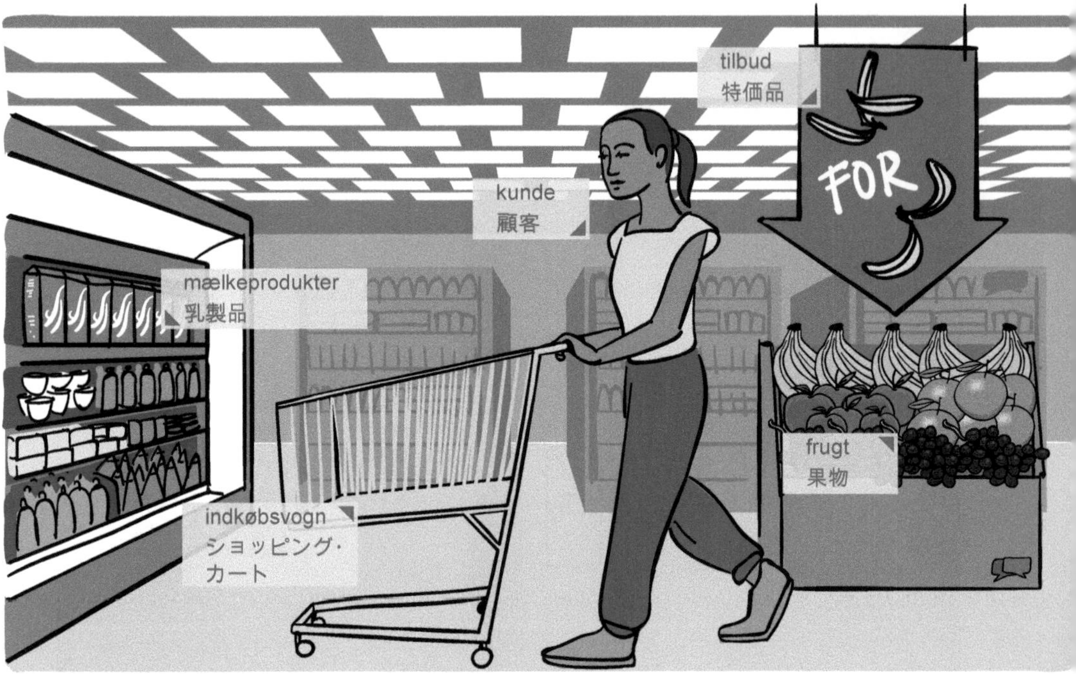

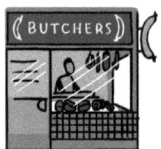

BUTCHERS

slagter

肉屋

BAKERY

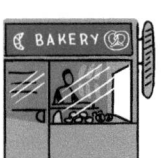

bageri

パン屋

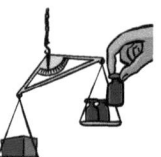

veje

重さをはかる

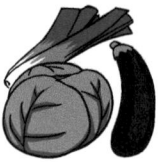

grøntsager

野菜

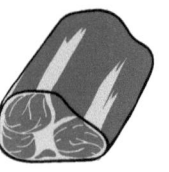

kød

肉

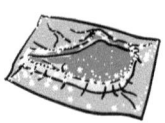

frostvarer

冷凍食品

pålæg

冷肉の薄切り

konserves

缶詰食品

vaskemiddel

洗剤

slik

菓子

husholdningsvarer

家庭用品

rengøringsmidler

清掃用品

ekspedient

販売員

kasse

現金箱

kasserer

レジ係

indkøbsliste

買い物リスト

åbningstider

開館時刻

tegnebog

財布

kreditkort

クレジットカード

taske

バッグ

plasticpose

ポリ袋

vand

水

saft

ジュース

mælk

牛乳

cola

コーラ

vin

ワイン

øl

ビール

alkohol

アルコール

kakao

ココア

te

紅茶

kaffe

コーヒー

espresso

エスプレッソ

cappuccino

カプチーノ

banan

バナナ

æble

リンゴ

appelsin

オレンジ

melon

メロン

citron

レモン

gulerod

ニンジン

hvidløg

ニンニク

bambus

竹

løg

玉ねぎ

svamp

キノコ

nødder

ナッツ

nudler

ヌードル

spaghetti

スパゲッティ

ris

米

salat

サラダ

pomfritter

フライドポテト

stegte kartofler

フライドポテト

pizza

ピザ

hamburger

ハンバーガー

sandwich

サンドウィッチ

schnitzel

カツレツ

skinke

ハム

salami

サラミ

pølse

ソーセージ

kylling

鶏肉

steg

焼き

fisk

魚

havregryn

麦のお粥

mysli

ムーズリ

cornflakes

コーンフレーク

mel

小麦粉

croissant

クロワッサン

rundstykke

ロールパン

brød

パン

toast

トースト

kiks

ビスケット

smør

バター

kvark

カッテージチーズ

kage

ケーキ

æg

卵

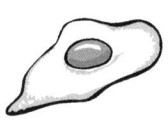

spejlæg

目玉焼き

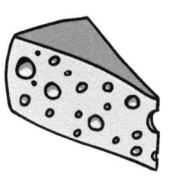

ost

チーズ

is

アイスクリーム

sukker

砂糖

honning

はちみつ

marmelade

ジャム

nougat-creme

ヌガークリーム

karry

カレー

bondehus
農家

skur
納屋

halmballer
ストローベール

mark
畑

hest
馬

anhænger
トレーラー

føl
子馬

traktor
トラクター

æsel
ロバ

får
羊

lam
子羊

ged

ヤギ

ko

雌牛

kalv

子牛

svin

豚

gris

子豚

tyr

雄牛

gås

ガチョウ

and

アヒル

kylling

ひよこ

høne

にわとり

hane

おんどり

rotte

ネズミ

kat

猫

mus

ねずみ

okse

雄牛

hund

犬

hundehus

犬小屋

haveslange

散水ホース

vandkande

じょうろ

le

大鎌

plov

すき

segl

草刈り鎌

hakkejern

くわ

møggreb

堆肥用フォーク

økse

斧

trillebør

手押し車

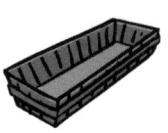

trug

かいばおけ

mælkekande

牛乳缶

sæk

袋

hæk

フェンス

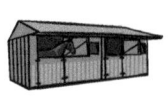

stald

畜舎

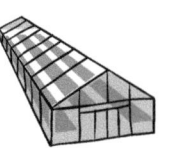

drivhus

温室

jord

土壌

frø

種

gødning

肥料

mejetærsker

コンバイン

høste
収穫する

høst
収穫

yams
ヤマイモ

hvede
小麦

soja
大豆

kartoffel
じゃがいも

majs
トウモロコシ

raps
菜種

frugttræ
果樹

maniok
キャッサバ

korn
穀物

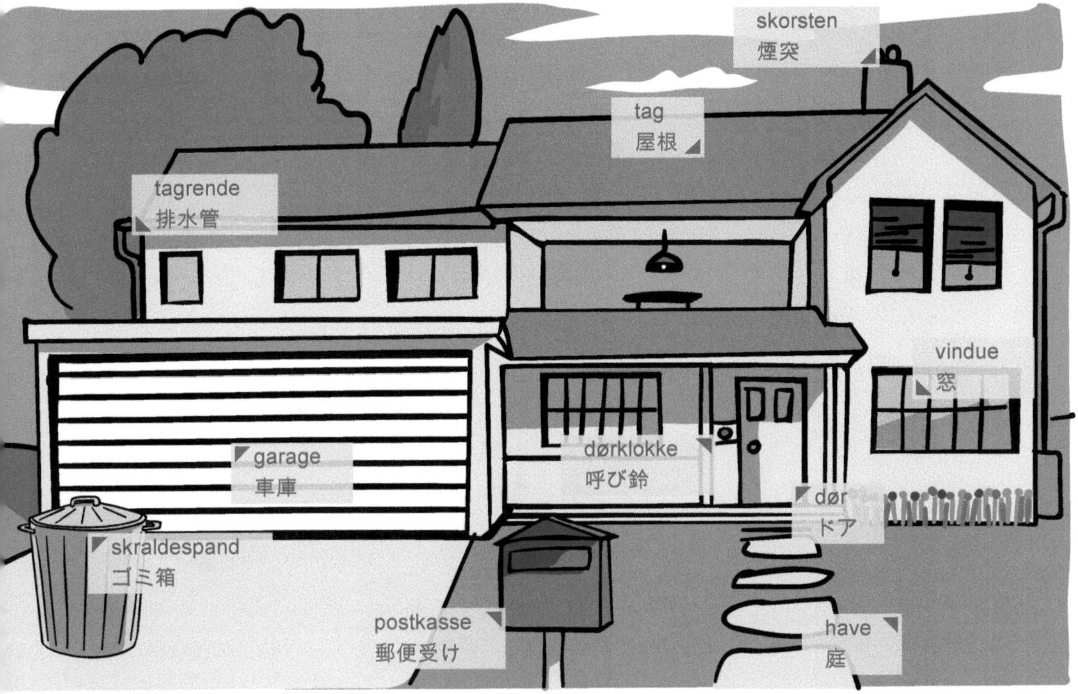

skorsten
煙突

tag
屋根

tagrende
排水管

vindue
窓

garage
車庫

dørklokke
呼び鈴

dør
ドア

skraldespand
ゴミ箱

postkasse
郵便受け

have
庭

stue

リビングルーム

badeværelse

浴室

køkken

台所

soveværelse

寝室

børneværelse

子供部屋

spisestue

ダイニング・ルーム

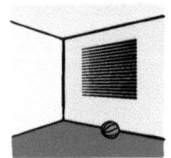

gulv

床

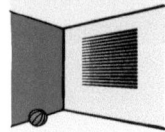

væg

壁

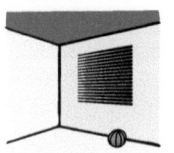

loft

天井

kælder

地下貯蔵庫

sauna

サウナ

altan

バルコニー

terrasse

テラス

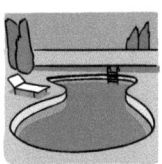

svømmehal

プール

plæneklipper

芝刈り機

dynebetræk

シーツ

dyne

ベッドカバー

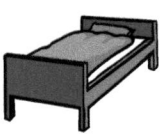

seng

ベッド

kost

ほうき

spand

バケツ

kontakt

スイッチ

stue

リビングルーム

tapet
壁紙
billede
絵
lampe
ランプ
reol
棚
skab
食器棚
fjernsyn
テレビ
pejs
暖炉
blomst
花
pude
クッション
sofa
ソファ
vase
花瓶
fjernbetjening
リモコン

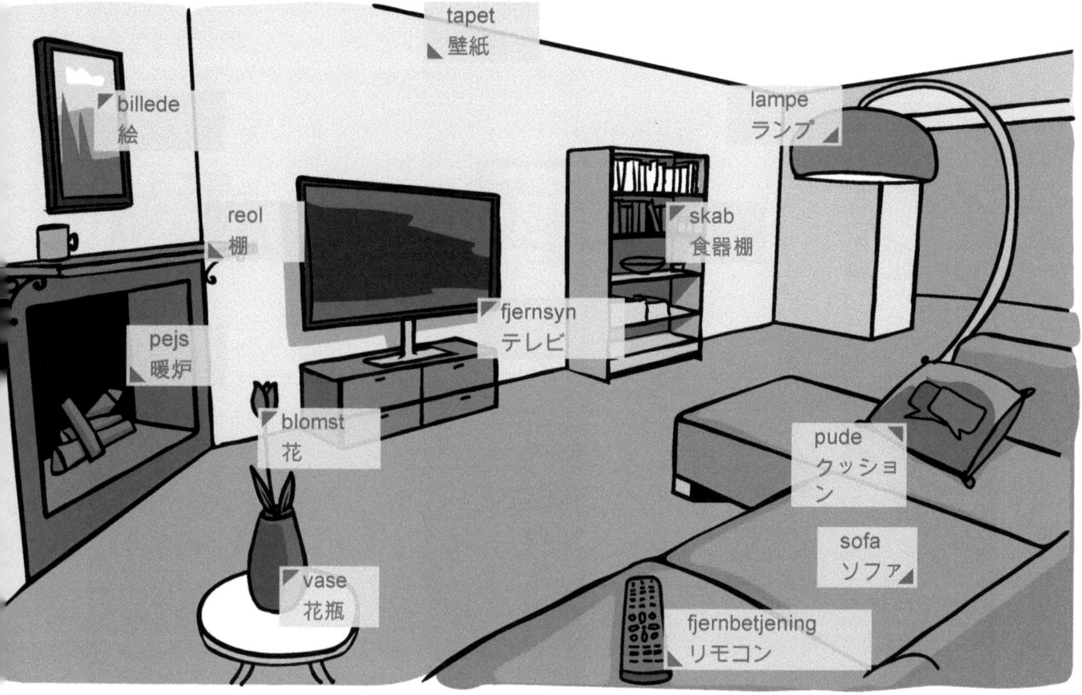

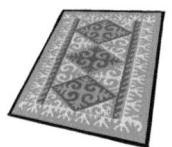

gulvtæppe

カーペット

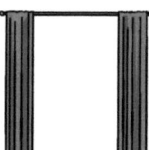

gardin

カーテン

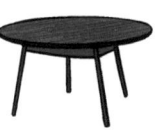

bord

テーブル

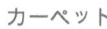

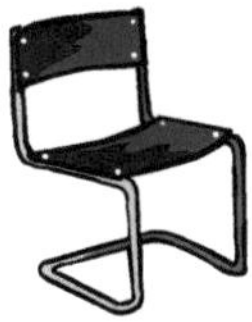

stol

椅子

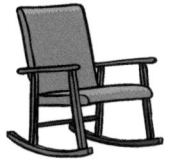

gyngestol

ロッキングチェア

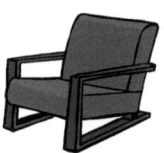

lænestol

ひじ掛け椅子

bog
本

tæppe
毛布

dekoration
飾り

brænde
たきぎ

film
映画

stereoanlæg
ステレオ

nøgle
鍵

avis
新聞

maleri
絵画

plakat
ポスター

radio
ラジオ

notesblok
メモ帳

støvsuger
掃除機

kaktus
サボテン

lys
ろうそく

køkken
台所

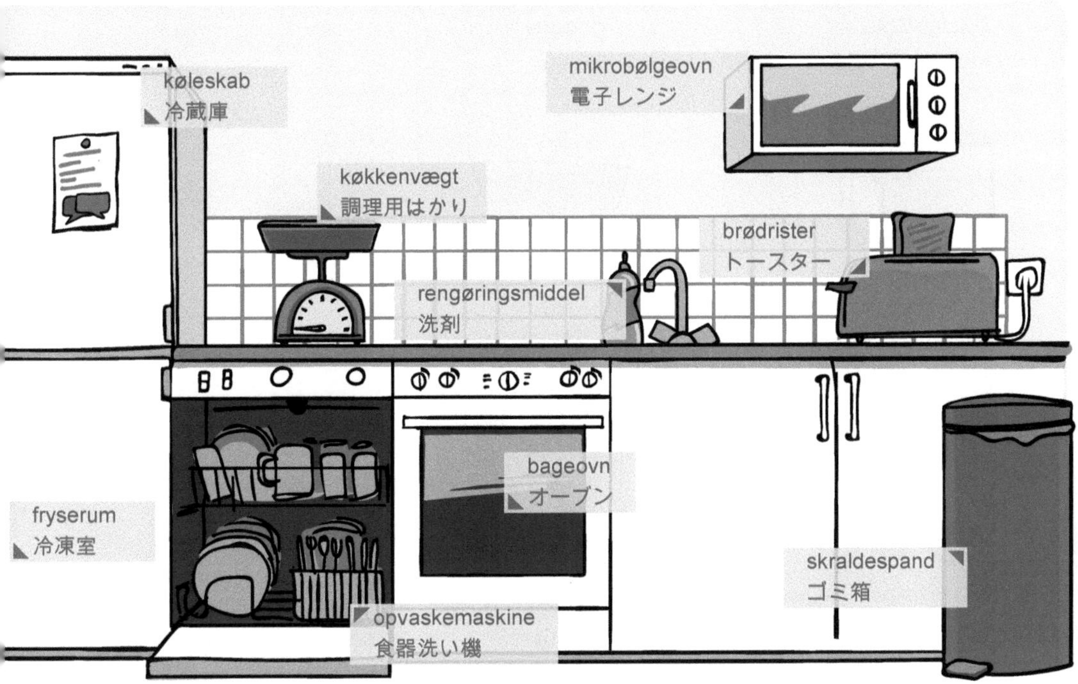

køleskab
冷蔵庫
mikrobølgeovn
電子レンジ
køkkenvægt
調理用はかり
brødrister
トースター
rengøringsmiddel
洗剤
bageovn
オーブン
fryserum
冷凍室
skraldespand
ゴミ箱
opvaskemaskine
食器洗い機

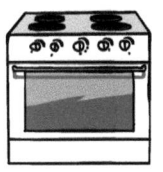

komfur

こんろ

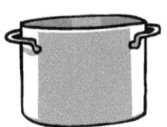

gryde

鍋

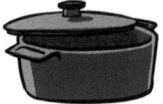

jerngryde

鉄鍋

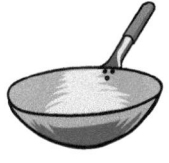

wok / kadai

中華鍋/ カダイ鍋

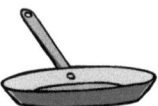

pande

フライパン

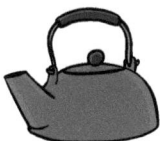

elkedel

やかん

dampkoger

蒸し器

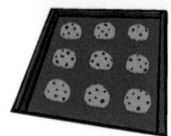

bageplade

天板

service

食器

bæger

マグカップ

skål

ボウル

spisepinde

箸

øseske

おたま

paletkniv

へら

piskeris

泡立て器

dørslag

こし器

si

ふるい

rive

すりおろし器

morter

すり鉢

grille

バーベキュー

ildsted

かまど

skærebræt

まな板

kagerulle

麺棒

proptrækker

栓抜き

dåse

缶

dåseåbner

缶切り

grydelap

鍋つかみ

køkkenvask

流し

børste

ブラシ

svamp

スポンジ

blender

ミキサー

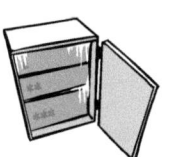

dybfryser

冷凍庫

sutteflaske

哺乳瓶

vandhane

蛇口

badeværelse

浴室

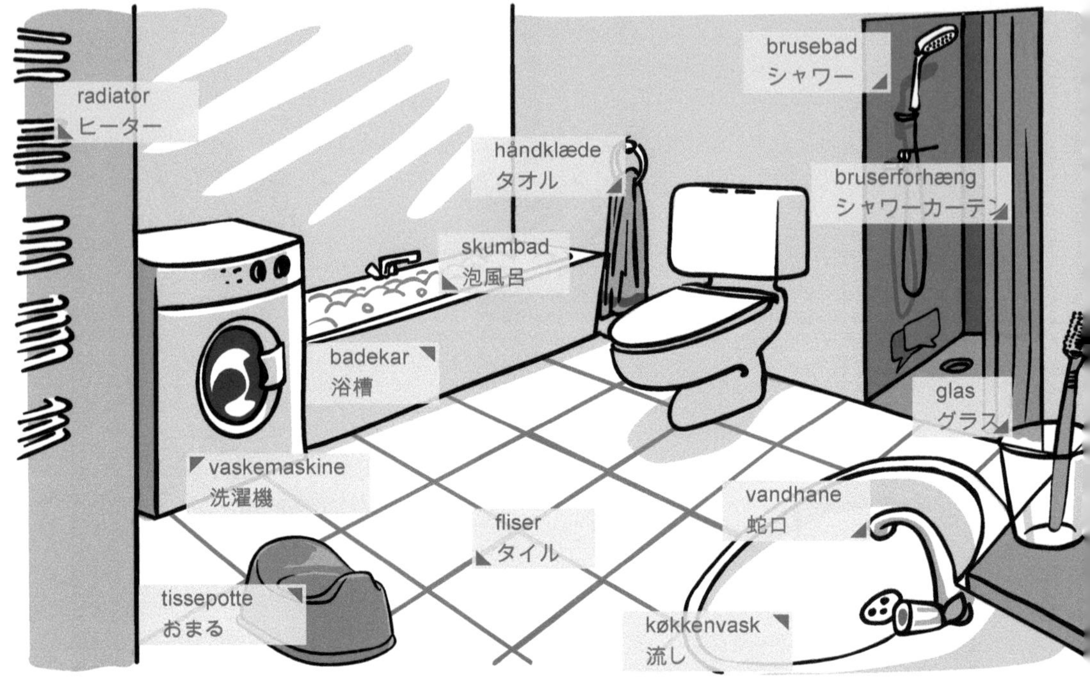

radiator
ヒーター
håndklæde
タオル
brusebad
シャワー
bruserforhæng
シャワーカーテン
skumbad
泡風呂
badekar
浴槽
glas
グラス
vaskemaskine
洗濯機
vandhane
蛇口
fliser
タイル
tissepotte
おまる
køkkenvask
流し

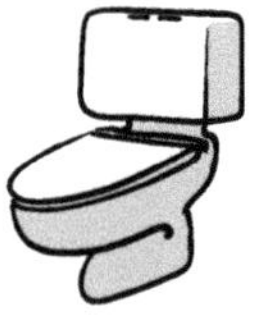

toilet

トイレ

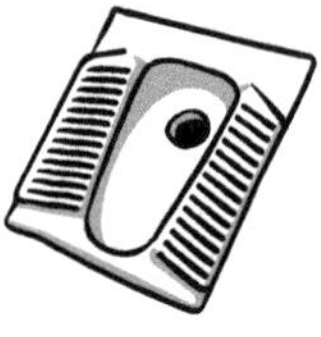

hugsiddende toilet

和式トイレ

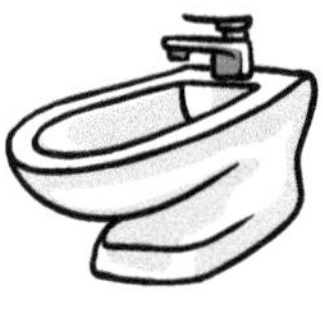

bidet

ビデ

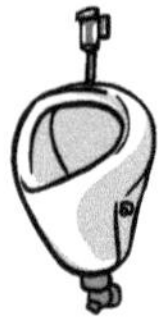

pissoir

小便器

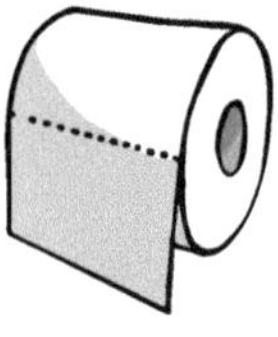

toiletpapir

トイレットペーパー

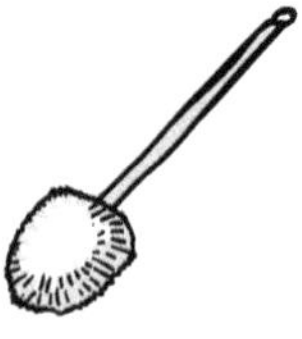

toiletbørste

トイレブラシ

tandbørste

歯ブラシ

tandpasta

歯みがき

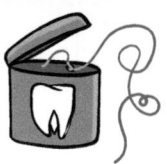

tandtråd

デンタルフロス

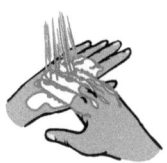

vaske

洗う

håndbruser

シャワーヘッド

intimbruser

ハンドビデ

vaskefad

洗面台

badebørste

ボディブラシ

sæbe

石鹸

brusegele

シャワー用ジェル

shampoo

シャンプー

vaskeklud

浴用タオル

afløb

排水口

creme

クリーム

deodorant

消臭

spejl

鏡

kosmetikspejl

手鏡

barberhøvl

かみそり

barberskum

シェービング・フォーム

barbervand

アフターシェーブローショ
ン

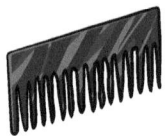

kam

櫛

børste

ブラシ

hårtørrer

ドライヤー

hårspray

ヘアスプレー

makeup

化粧

læbestift

口紅

neglelak

マニキュア

vat

脱脂綿

neglesaks

爪切り

parfume

香水

toilettaske

洗面用具入れ

skammel

スツール

vægt

体重計

badekåbe

バスローブ

gummihandsker

ゴム手袋

tampon

タンポン

damebind

生理用ナプキン

kemisk toilet

ケミカルトイレ

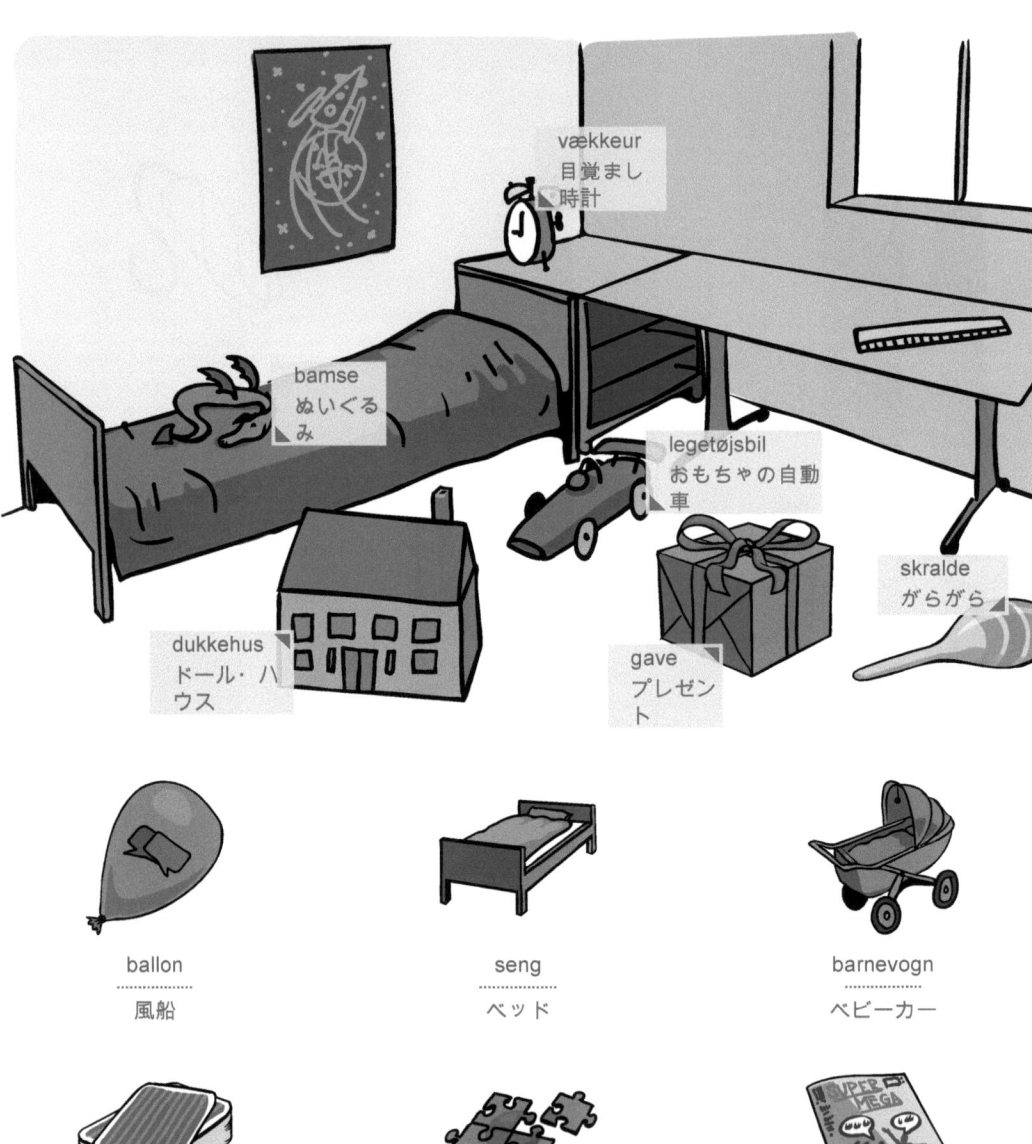

vækkeur
目覚まし
時計

bamse
ぬいぐる
み

legetøjsbil
おもちゃの自動
車

skralde
がらがら

dukkehus
ドール・ハ
ウス

gave
プレゼン
ト

ballon
風船

seng
ベッド

barnevogn
ベビーカー

kortspil
カードゲーム

puslespil
ジグソーパズル

tegneserie
漫画

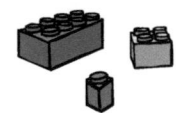

legoklodser

レゴ

byggeklodser

玩具ブロック

action figur

アクションフィギュア

sparkedragt

ロンパース

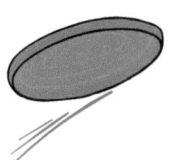

frisbee

フリスビー

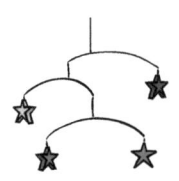

uro

モバイル

brætspil

ボードゲーム

terning

さいころ

modeljernbane

鉄道模型

sut

おしゃぶり

fest

パーティー

billedbog

絵本

bold

ボール

dukke

人形

lege

遊ぶ

sandkasse

砂場

gynge

ブランコ

legetøj

おもちゃ

spillekonsol

ゲーム機

trehjulet cykel

三輪車

bamse

テディベア

klædeskab

衣装ダンス

tøj

衣服

sokker

靴下

strømper

ストッキング

strømpebukser

タイツ

sjal
スカーフ

paraply
雨傘

T-shirt
Tシャツ

bælte
ベルト

sneakers
スニーカー

støvler
ブーツ

hjemmesko
スリッパ

sandaler
サンダル

sko
靴

gummistøvler
ゴム長靴

underbukser
パンツ

BH
ブラ

undertrøje
ベスト

body

ボディースーツ

bukser

ズボン

jeans

ジーンズ

nederdel

スカート

bluse

ブラウス

skjorte

シャツ

pullover

セーター

sweatshirt

パーカー

blazer

ブレザー

jakke

ジャケット

frakke

コート

regnfrakke

レインコート

kostume

服装

kjole

ドレス

brudekjole

ウェディングドレス

jakkesæt

スーツ

nattrøje

ナイトガウン

pyjamas

パジャマ

sari

サリー

hovedtørklæde

ヘッドスカーフ

turban

ターバン

burka

ブルカ

kaftan

カフタン

abaya

アバヤ

badedragt

水着

badebukser

トランクス

korte bukser

半ズボン

træningsdragt

スウェットスーツ

forklæde

エプロン

handsker

手袋

knap
ボタン

briller
メガネ

armbånd
ブレスレット

kæde
ネックレス

ring
指輪

ørering
イヤリング

hue
帽子

bøjle
ハンガー

hat
帽子

slips
ネクタイ

lynlås
ファスナー

hjelm
ヘルメット

seler
サスペンダー

skoleuniform
制服

uniform
ユニフォーム

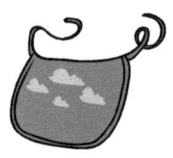

hagesmæk

よだれかけ

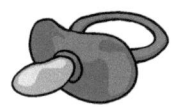

sut

おしゃぶり

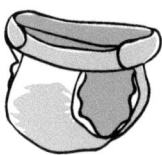

ble

おむつ

kontor

オフィス

server
サーバ
arkivskab
書類キャビネット
printer
プリンター
papir
紙
skærm
モニター
mus
マウス
skrivebord
事務机
mappe
フォルダー
tastatur
キーボード
papirkurv
ごみ箱
computer
コンピューター
stol
椅子

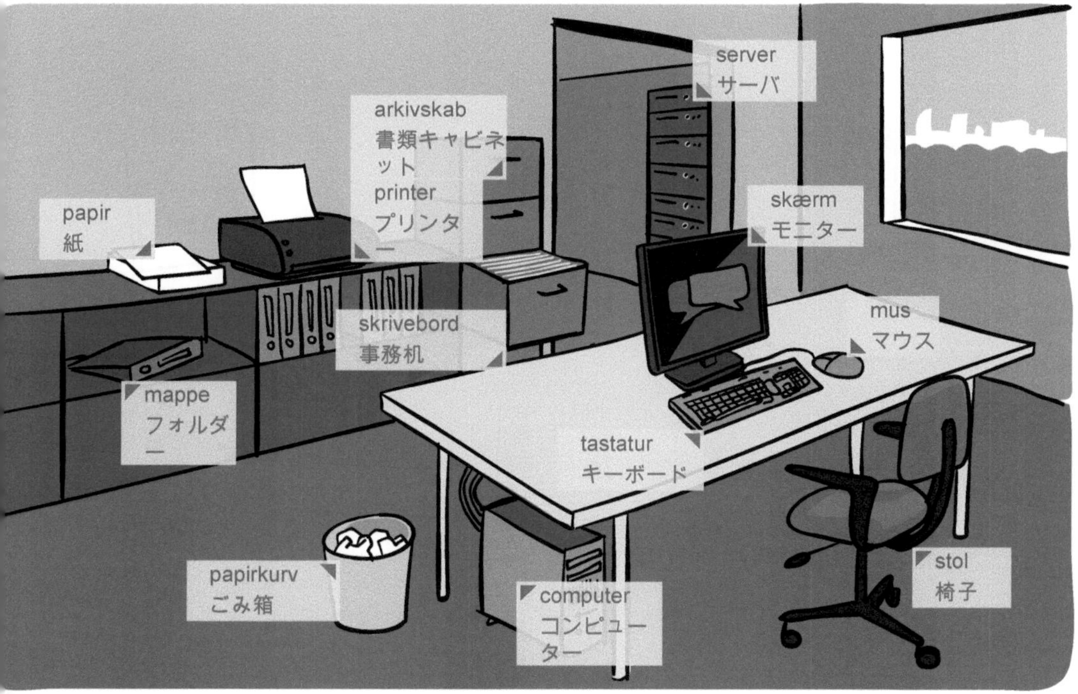

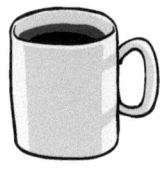

kaffekrus

コーヒーマグ

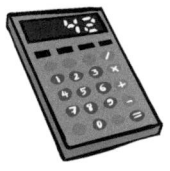

lommeregner

計算機

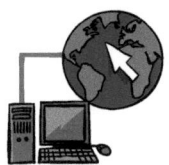

internet

インターネット

bærbar
ラップトップ

brev
手紙

besked
メッセージ

mobil
携帯電話

netværk
ネットワーク

kopimaskine
コピー機

software
ソフトウェア

telefon
電話

stikdåse
コンセント

fax
ファックス

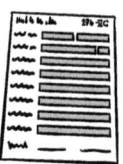
formular
フォーム

dokument
書類

købe

買う

betale

支払う

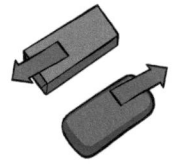

handle

取引する

penge

お金

dollar

ドル

euro

ユーロ

yen

円

rubel

ルーブル

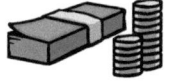

schweizerfranc

スイスフラン

renminbi yuan

人民元

rupee

ルピー

hæveautomat

キャッシュポイント

vekselkontor

両替所

guld

金

sølv

銀

olie

油

energi

エネルギー

pris

価格

kontrakt

契約

skat

税金

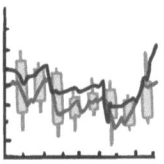

aktie

株

arbejde

働く

ansat

従業員

arbejdsgiver

雇用主

fabrik

工場

butik

ショップ

erhverv

職業

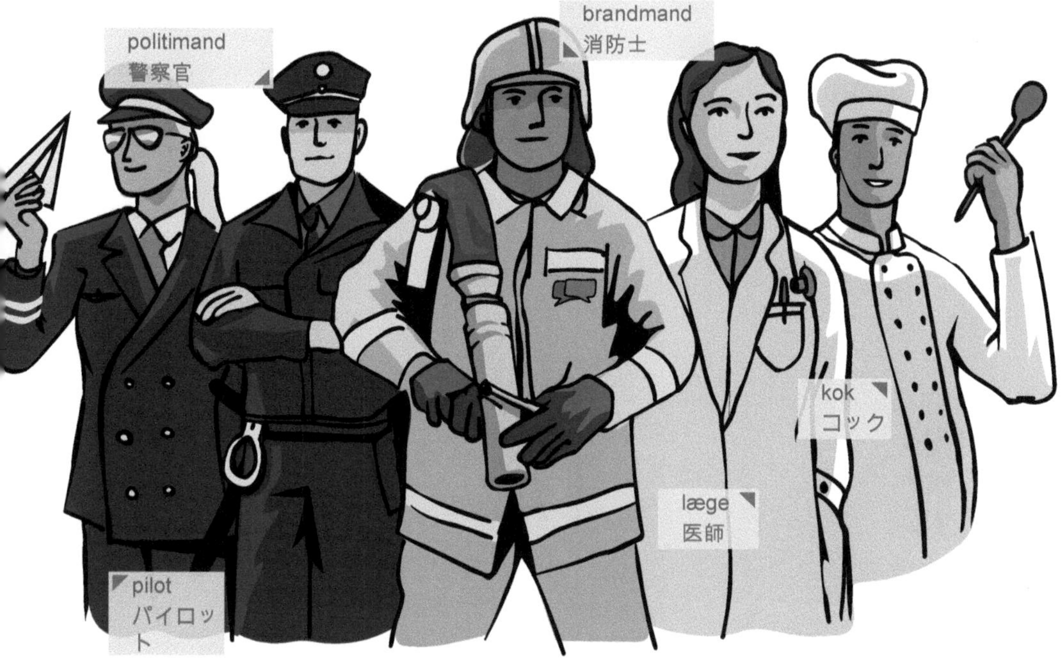
politimand
警察官
brandmand
消防士
kok
コック
læge
医師
pilot
パイロット

gartner

庭師

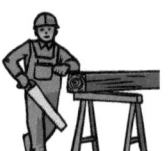

tømrer

大工

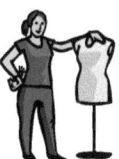

syerske

お針子

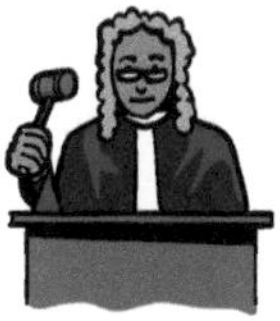

dommer

裁判官

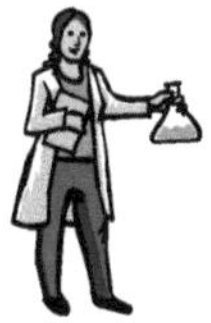

kemiker

化学者

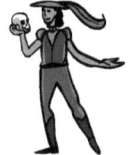

skuespiller

俳優

buschauffør

バスの運転手

taxachauffør

タクシー運転手

fisker

漁師

rengøringskone

掃除婦

tagdækker

屋根ふき職人

tjener

ウェイター

jæger

ハンター

maler

塗装工

bager

パン屋

elektriker

電気工

bygningsarbejder

建設作業員

ingeniør

エンジニア

slagter

肉屋

vvs-mand

配管工

postbud

郵便配達人

soldat

軍人

arkitekt

建築家

kasserer

レジ係

blomsterhandler

花屋

frisør

美容師

togfører

車掌

mekaniker

機械工

kaptajn

キャプテン

tandlæge

歯科医

videnskabsmand

科学者

rabbiner

ラビ

imam

イスラム導師

munk

修道士

præst

牧師

værktøj
道具

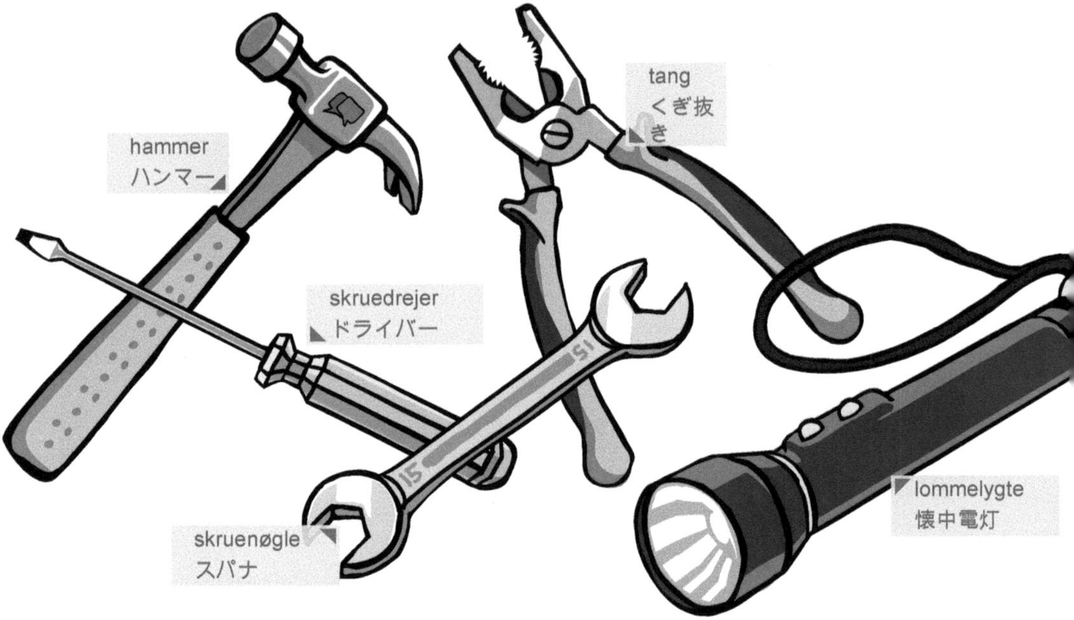
tang
くぎ抜き
hammer
ハンマー
skruedrejer
ドライバー
lommelygte
懐中電灯
skruenøgle
スパナ

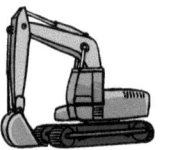

gravemaskine

掘削機

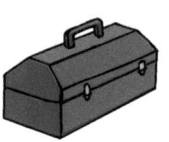

værktøjskasse

道具箱

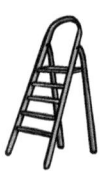

stige

はしご

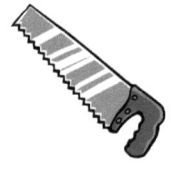

sav

のこぎり

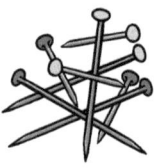

søm

釘

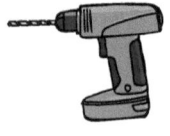

bor

ドリル

reparere

修理する

skovl

シャベル

Lort!

クソ！

fejebakke

ちりとり

malerspand

ペンキ缶

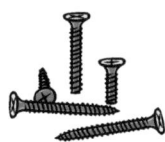

skruer

ネジ

musikinstrumenter
楽器

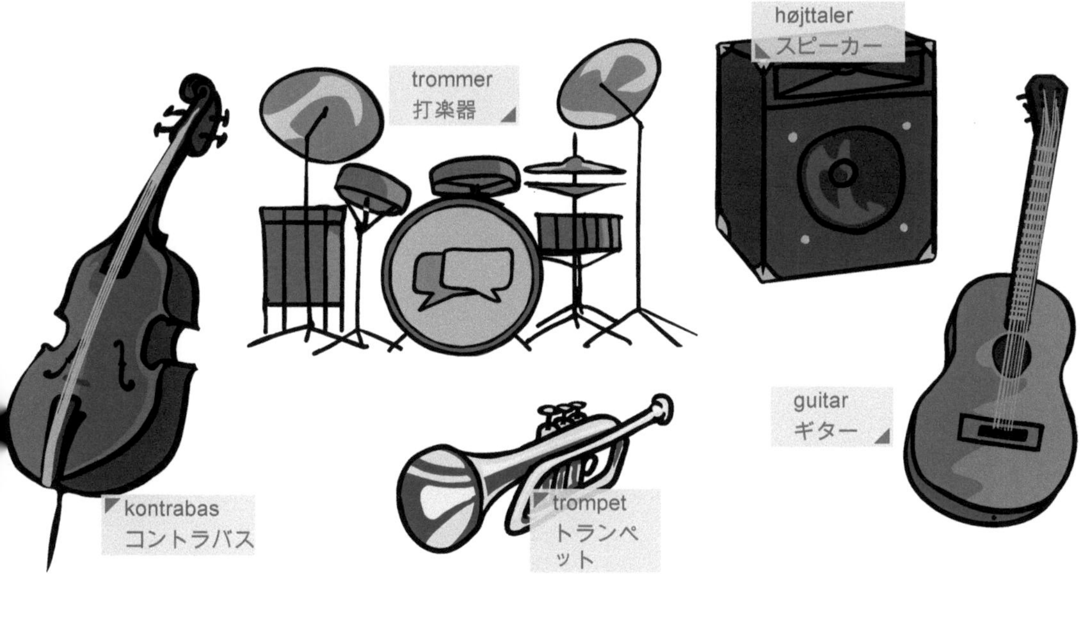

højttaler
スピーカー

trommer
打楽器

kontrabas
コントラバス

trompet
トランペット

guitar
ギター

klaver

ピアノ

violin

バイオリン

bas

バス

pauke

ティンパニ

tromme

ドラム

keyboard

キーボード

saxofon

サックス

fløjte

フルート

mikrofon

マイクロフォン

ZOO
動物園

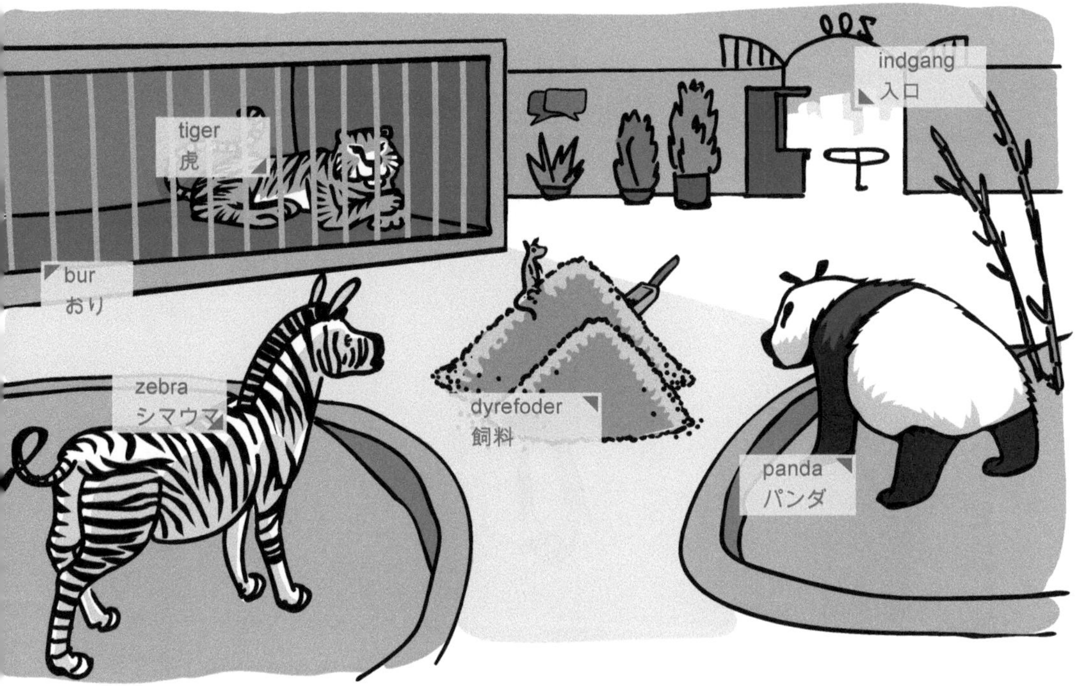
indgang
入口
tiger
虎
bur
おり
zebra
シマウマ
dyrefoder
飼料
panda
パンダ

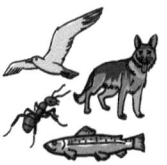

dyr
動物

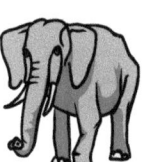

elefant
象

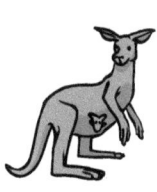

kænguru
カンガルー

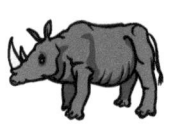

næsehorn
サイ

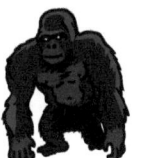

gorilla
ゴリラ

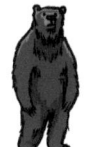

bjørn
熊

kamel

ラクダ

struds

ダチョウ

løve

ライオン

abe

猿

flamingo

フラミンゴ

papegøje

オウム

isbjørn

白クマ

pingvin

ペンギン

haj

サメ

påfugl

クジャク

slange

蛇

krokodille

ワニ

dyrepasser

飼育係

sæl

アザラシ

jaguar

ジャガー

zoo - 動物園

pony

ポニー

leopard

ヒョウ

flodhest

カバ

giraf

キリン

ørn

鷲

vildsvin

雄豚

fisk

魚

skildpadde

亀

hvalros

セイウチ

ræv

狐

gazelle

ガゼル

スポーツ

amerikansk football
アメフト

cykling
サイクリング

tennis
テニス

basketball
バスケットボール

svømning
水泳

boksning
ボクシング

ishockey
アイスホッケー

fodbold
サッカー

badminton
バドミントン

atletik
陸上競技

håndbold
ハンドボール

skiløb
スキー

polo
ポロ

springe
跳ぶ

grine
笑う

give et knus
抱きしめる

gå
歩く

synge
歌う

drømme
夢見る

bede
祈る

kysse
キス

skrive
書く

tegne
描く

vise
示す

skubbe
押す

give
与える

tage
取る

have

持っている

gøre

する

være

ある

stå

立つ

løbe

走る

trække

引く

kaste

投げる

falde

落ちる

ligge

横たわっている

vente

待つ

bære

運ぶ

sidde

座る

tage på

着る

sove

眠る

vågne

目が覚める

se på
見る

græde
泣く

ae
なでる

kæmme
櫛ですく

tale
話す

forstå
理解する

spørge
質問する

høre
聞く

drikke
飲む

spise
食べる

rydde op
片づける

elske
愛する

koge
料理する

køre
運転する

flyve
飛ぶ

sejle

ヨットに乗る

regne

計算する

læse

読む

lære

学ぶ

arbejde

働く

gifte sig med

結婚する

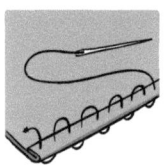

sy

縫う

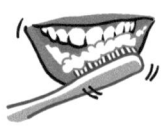

børste tænder

歯を磨く

dræbe

殺す

ryge

喫煙する

sende

送る

bedstemor
祖母

bedstefar
祖父

far
父

mor
母

baby
赤ん坊

datter
娘

søn
息子

gæst

お客様

tante

おば

onkel

おじ

bror

兄弟

søster

姉妹

krop

体

pande
ひたい
øje
目
skulder
肩
finger
指
ansigt
顔
hage
あご
hånd
手
bryst
胸
ben
脚
arm
腕

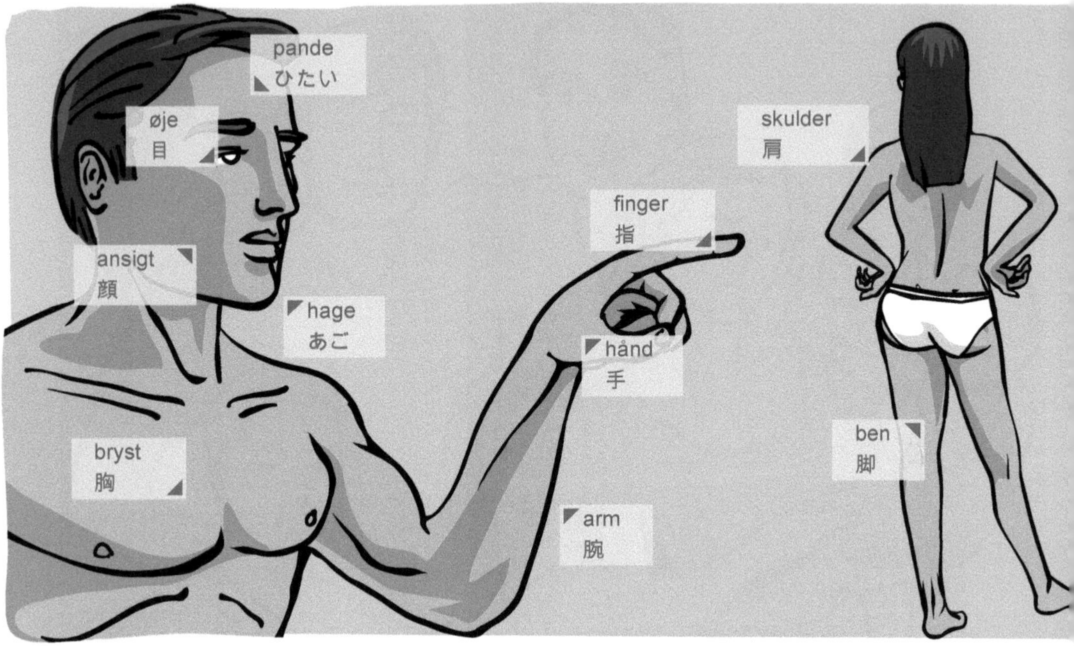

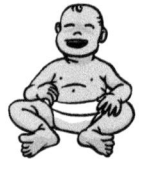

baby

赤ん坊

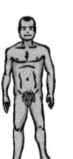

mand

男性

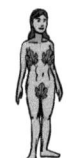

kvinde

女性

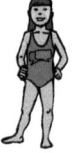

pige

少女

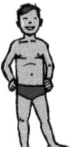

dreng

少年

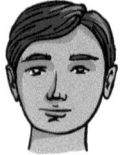

hoved

頭

ryg

背中

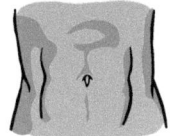

mave

腹

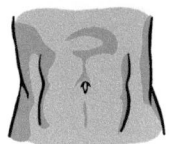

navle

へそ

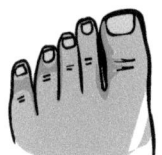

tå

足指

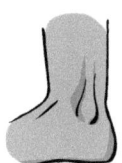

hæl

かかと

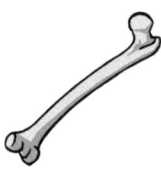

knogle

骨

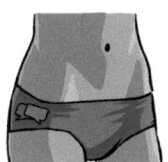

hofte

腰

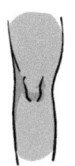

knæ

ひざ

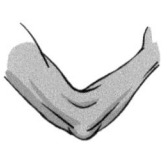

albue

ひじ

næse

鼻

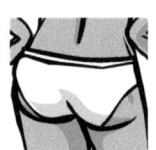

bagdel

尻

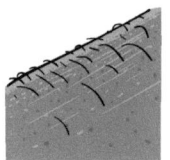

hud

皮膚

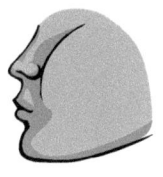

kind

頬

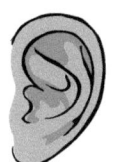

øre

耳

læbe

唇

mund

口

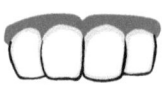

tand

歯

tunge

舌

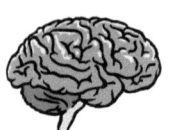

hjerne

脳

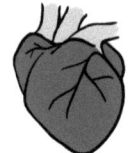

hjerte

心臓

muskel

筋肉

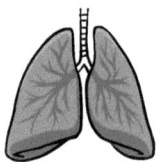

lunge

肺

lever

肝臓

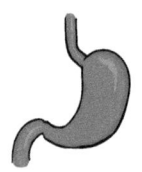

mavesæk

胃

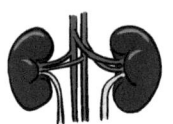

nyrer

腎臓

sex

セックス

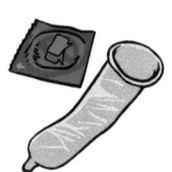

kondom

コンドーム

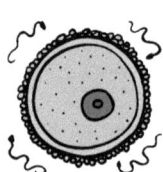

ægcelle

卵細胞

sperm

精液

svangerskab

妊娠

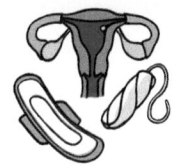

menstruation

月経

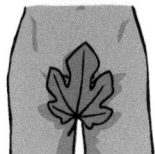

vagina

膣

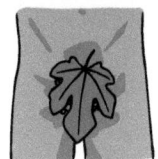

penis

ペニス

øjenbryn

眉

hår

髪

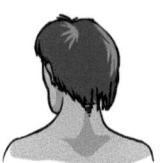

hals

首

krop - 体

71

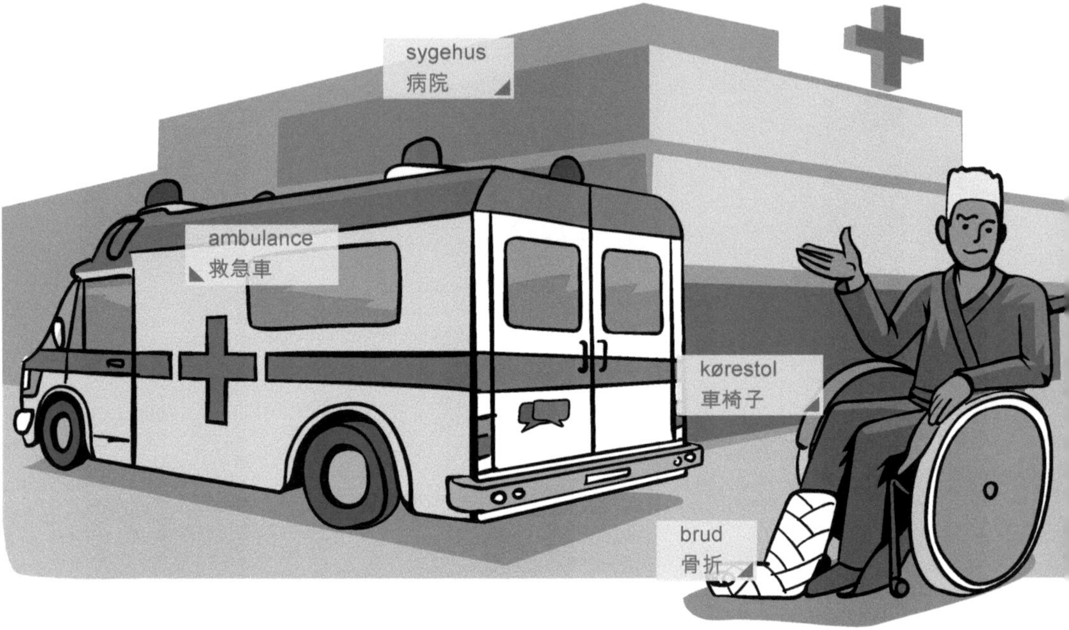

sygehus
病院

ambulance
救急車

kørestol
車椅子

brud
骨折

læge
医師

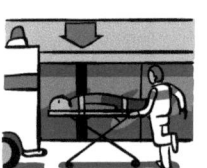

akutmodtagelse
救急治療室

sygeplejerske
看護師

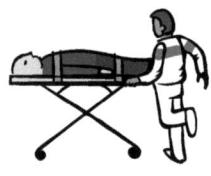

nødstilfælde
救急

bevidstløs
失神

smerte
痛み

skade

けが

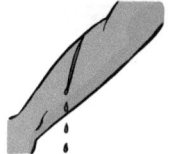

blødning

出血

hjerteinfarkt

心臓発作

slagtilfælde

脳卒中

allergi

アレルギー

hoste

咳

feber

熱

influenza

インフルエンザ

diarré

下痢

hovedpine

頭痛

kræft

癌

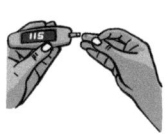

diabetes

糖尿病

kirurg

外科医

skalpel

外科用メス

operation

手術

CT

CT

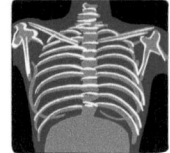

røntgen

レントゲン

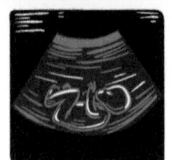

ultralyd

超音波

maske

マスク

sygdom

病気

venteværelse

待合室

krykke

松葉づえ

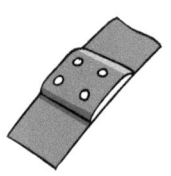

plaster

ばんそうこう

forbinding

包帯

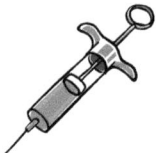

injektion

注射

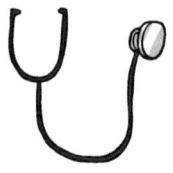

stetoskop

聴診器

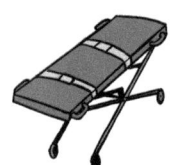

båre

担架

termometer

体温計

fødsel

出産

overvægt

肥満

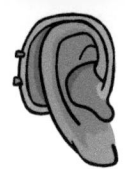

høreapparat

補聴器

desinficerende middel

消毒剤

infektion

感染

virus

ウイルス

HIV / AIDS

HIV / エイズ

medicin

内服薬

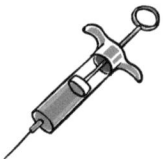

vaccination

予防接種

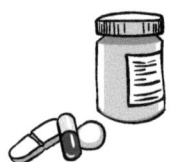

tabletter

錠剤

pille

ピル

nødopkald

緊急電話

blodtryksmåler

血圧計

syg / rask

病気の　／　健康な

Hjælp!

助けて！

alarm

アラーム

overfald

暴行

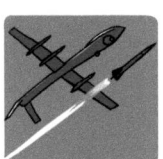

angreb

攻撃

fare

危険

nødudgang

非常口

Det brænder!

火事だ！

ildslukker

消火器

uheld

事故

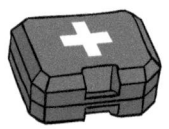

førstehjælps-kuffert

救急箱

SOS

SOS

politi

警察

Europa

ヨーロッパ

Nordamerika

北米

Sydamerika

南米

Afrika

アフリカ

Asien

アジア

Australien

オーストラリア

Atlanterhavet

大西洋

Stillehavet

太平洋

Indiske Ocean

インド洋

Sydlige Ishav

南極海

Ishav

北極海

Nordpol

北極

Sydpol

南極

Antarktis

南極大陸

Jorden

地球

land

陸

hav

海

ø

島

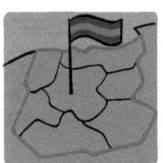

nation

国家

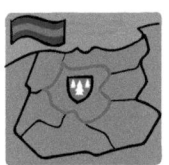

stat

国家

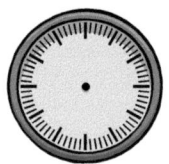

urskive

文字盤

timeviser

短針

minutviser

長針

sekundviser

秒針

Hvad er klokken?

何時ですか？

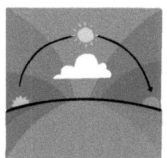

dag

日

tid

時間

nu

現在

digitalur

デジタル時計

minut

分

time

時間

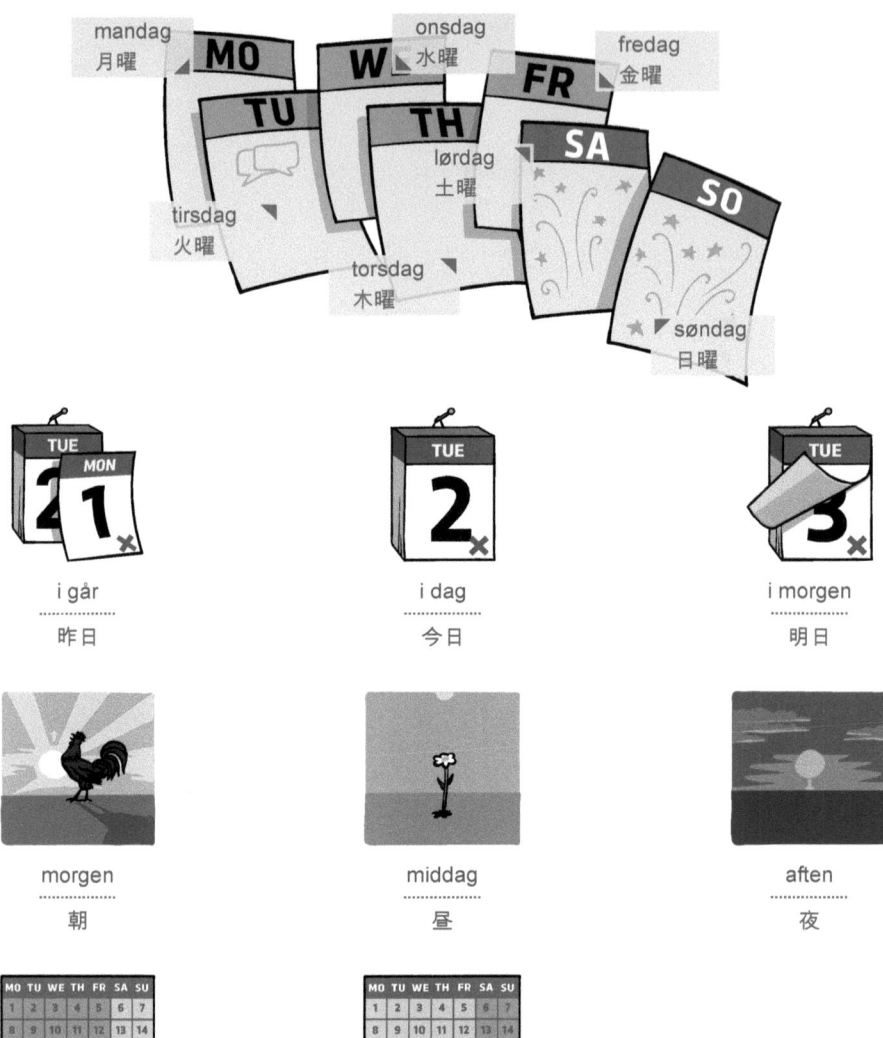

mandag 月曜 — MO

onsdag 水曜 — W

fredag 金曜 — FR

TU

tirsdag 火曜

TH — lørdag 土曜

SA

SO

torsdag 木曜

søndag 日曜

i går
昨日

i dag
今日

i morgen
明日

morgen
朝

middag
昼

aften
夜

arbejdsdage
営業日

weekend
週末

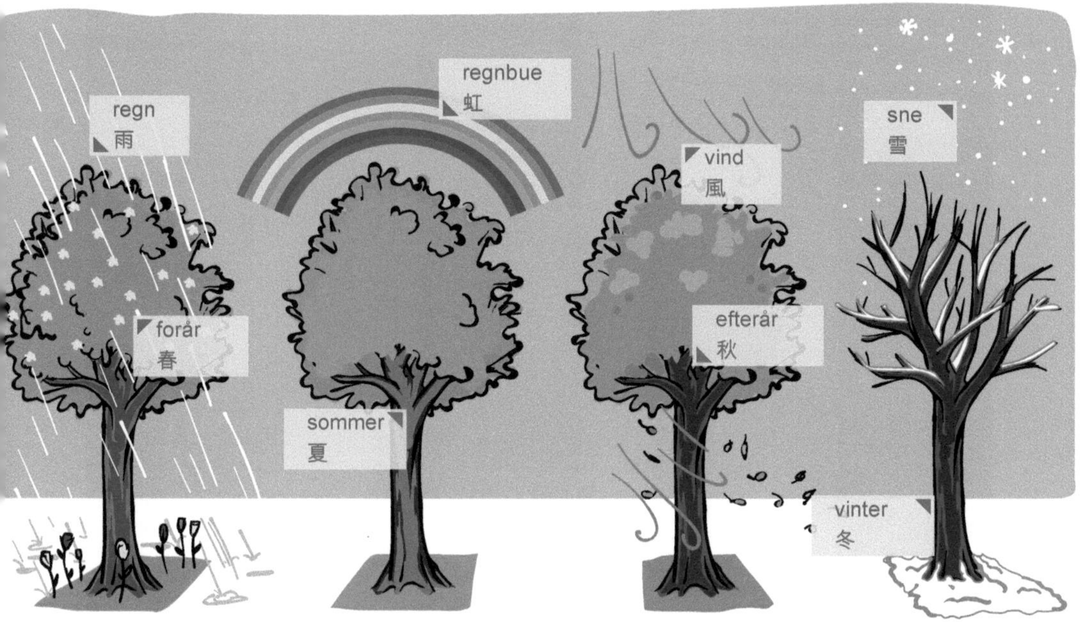

regn
▶雨

regnbue
▶虹

forår
春

sommer
夏

vind
風

efterår
秋

sne
雪

vinter
冬

vejrudsigt

天気予報

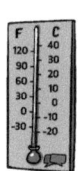

termometer

温度計

solskin

日差し

sky

雲

tåge

霧

luftfugtighed

湿度

lyn

雷

torden

雷

storm

嵐

hagl

ひょう

monsun

季節風

flod

洪水

is

氷

januar

1月

februar

2月

marts

3月

april

4月

maj

5月

juni

6月

juli

7月

august

8月

september

9月

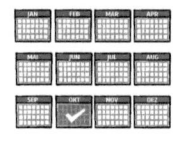

oktober

10月

november

11月

december

12月

former

形

cirkel

円

kvadrat

正方形

firkant

長方形

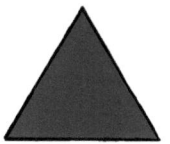

trekant

三角

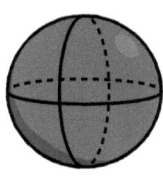

kugle

球

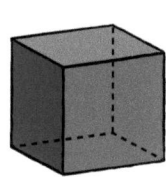

terning

立方体

hvid

白

gul

黄

orange

オレンジ

pink

ピンク

rød

赤

lilla

紫

blå

青

grøn

緑

brun

茶

grå

灰色

sort

黒

meget / lidt

多い　/　少ない

rasende / fredelig

怒っている /
落ち着いている

smuk / grim

美しい　/　醜い

begyndelse / slut

初め　/　終わり

stor / lille

大きい　/　小さい

lys / mørk

明るい　/　暗い

bror / søster

兄弟　/　姉妹

ren / snavset

清潔な / 汚い

fuldkommen / ufuldkommen

完全な　/　不完全な

dag / nat

日中　/　夜

død / levende

死んだ　/　生きている

bred / smal

幅広い　/　狭い

spiselig / uspiselig

食べられる / 食べられない

vred / venlig

悪意のある / 親切な

ophidset / kedet

興奮している / 退屈している

tyk / tynd

太った / 痩せた

først / sidst

最初に / 最後に

ven / fjende

友人 / 敵

fuld / tom

いっぱいの / 空の

hård / blød

硬い / 柔らかい

tung / let

重い / 軽い

sult / tørst

空腹 / 喉の渇き

syg / rask

病気の / 健康な

illegal / legal

違法な / 合法な

intelligent / dum

賢い / 愚かな

venstre / højre

左に / 右に

nær / fjern

近い / 遠い

ny / brugt

新しい ／ 中古の

intet / noget

何もない ／ 何かある

gammel / ung

老いた ／ 若い

tændt / slukket

オン ／ オフ

åben / lukket

開いている ／
閉まっている

stille / højt

静かな ／ うるさい

rig / fattig

裕福な ／ 貧乏な

rigtig / forkert

正しい ／ 間違っている

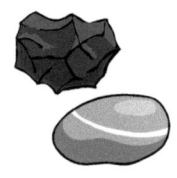

ru / glat

粗い ／ なめらか

ked af det / lykkelig

悲しい ／ 幸せな

kort / lang

短い ／ 長い

langsom / hurtig

ゆっくり ／ 速い

våd / tør

濡れた ／ 乾いた

varm / kold

温かい ／ 冷たい

krig / fred

戦争 ／ 平和

0

nul

ゼロ

1

en

1

2

to

2

3

tre

3

4

fire

4

5

fem

5

6

seks

6

7

syv

7

8

otte

8

9

ni

9

10

ti

10

11

elleve

11

12

tolv

12

13

tretten

13

14

fjorten

14

15

femten

15

16

seksten

16

17

sytten

17

18

atten

18

19

nitten

19

20

tyve

20

100

hundrede

100

1.000

tusinde

1000

1.000.000

million

100万

engelsk

英語

amerikansk engelsk

アメリカ英語

kinesisk mandarin

中国標準語

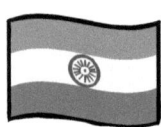

hindi

ヒンディー語

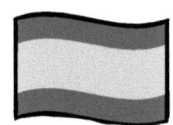

spansk

スペイン語

fransk

フランス語

arabisk

アラビア語

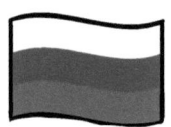

russisk

ロシア語

portugisisk

ポルトガル語

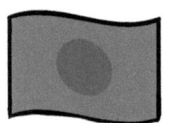

bengalsk

ベンガル語

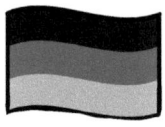

tysk

ドイツ語

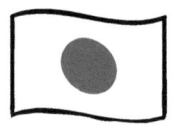

japansk

日本語

jeg
私

du
あなた

han / hun / den / det
彼 / 彼女 / それ

vi
私たち

I
あなたたち

de
彼ら

hvem?
誰？

hvad?
何？

hvordan?
どうやって？

hvor?
どこ？

hvornår?
いつ？

navn
名前

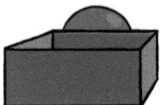

bag

後ろ

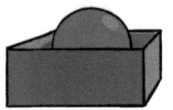

i

中

foran

前

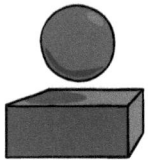

over

上

på

上

under

下

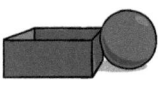

ved siden af

横

imellem

間

sted

場所